FACULTÉ DE MÉDECINE DE PARIS.   N° 206.

THÈSE

POUR

LE DOCTORAT EN MÉDECINE,

Présentée et soutenue le 28 août 1844,

Par Hippolyte DELAIGUE,

de Marseille (Bouches-du-Rhône),

Élève des hôpitaux.

DES APPLICATIONS DE LA PERCUSSION AU DIAGNOSTIC
DES MALADIES DE L'ABDOMEN.

(Le Candidat répondra aux questions qui lui seront faites sur les diverses parties de l'enseignement médical.)

PARIS.

RIGNOUX, IMPRIMEUR DE LA FACULTÉ DE MÉDECINE,
rue Monsieur-le-Prince, 29 *bis.*

1844

FACULTÉ DE MÉDECINE DE PARIS.

Professeurs.

M. ORFILA, doyen.

	MM.
Anatomie	BRESCHET.
Physiologie	BÉRARD aîné.
Chimie médicale	ORFILA.
Physique médicale	GAVARRET.
Histoire naturelle médicale	RICHARD.
Pharmacie et chimie organique	DUMAS.
Hygiène	ROYER-COLLARD.
Pathologie chirurgicale	{ MARJOLIN. { GERDY aîné.
Pathologie médicale	{ DUMÉRIL. { PIORRY, Président.
Anatomie pathologique	CRUVEILHIER.
Pathologie et thérapeutique générales	ANDRAL.
Opérations et appareils	BLANDIN.
Thérapeutique et matière médicale	TROUSSEAU.
Médecine légale	ADELON.
Accouchements, maladies des femmes en couches et des enfants nouveau-nés	MOREAU.
Clinique médicale	{ FOUQUIER. { CHOMEL, Examinateur. { BOUILLAUD. { ROSTAN.
Clinique chirurgicale	{ ROUX. { J. CLOQUET. { VELPEAU. { Auguste BÉRARD.
Clinique d'accouchements	P. DUBOIS.

Agrégés en exercice.

MM. BARTH.	MM. LENOIR.
BAUDRIMONT.	MAISSIAT.
BEHIER.	MALGAIGNE.
CAZENAVE.	MARCHAL.
CHASSAIGNAC.	MARTINS.
DENONVILLIERS, Examinateur.	MIALHE.
J.-V. GERDY.	MONNERET.
GOURAUD, Examinateur.	NÉLATON.
HUGUIER.	NONAT.
LARREY.	SESTIER.
LEGROUX.	

Par délibération du 9 décembre 1798, l'École a arrêté que les opinions émises dans les dissertations qui lui seront présentées doivent être considérées comme propres à leurs auteurs, et qu'elle n'entend leur donner aucune approbation ni improbation.

A MON PÈRE, A MA MÈRE.

Amour et reconnaissance.

A MA SOEUR.

Amitié sincère.

H. DELAIGUE.

DES APPLICATIONS

DE LA PERCUSSION AU DIAGNOSTIC

DES

MALADIES DE L'ABDOMEN.

> Qu'est l'observation si l'on ignore
> là où est le siége du mal?
> (BICHAT, *Anat. gén.*)

CONSIDÉRATIONS PRÉLIMINAIRES.

On a tant parlé de la percussion dans ces derniers temps, qu'il est devenu difficile et dangereux de toucher à cette matière : difficile, parce qu'à moins d'y exceller, on ne peut que répéter ce qu'en ont dit les autres; dangereux, parce que si l'on veut tout dire, il ne faut rien moins que faire un livre, ou que, si l'on veut abréger, on risque de passer pour ignorant ou incomplet. Entre ces divers écueils, la ligne à tenir n'est pas sans périls; et, sans vouloir ici afficher prétentieusement de la modestie, il faut me résigner d'avance à subir le jugement de ceux qui croiront que le parti que j'ai pris est précisément celui qu'ils n'auraient pas conseillé. Je le déclare donc, en cette matière, s'il est difficile de dire du neuf, il ne l'est guère d'être savant; car les livres qui en traitent *ex professo* se réduisent à deux sources, et ce qu'ils en disent renferme à peu près tout ce que la science pourra de longtemps enseigner, et, à coup sûr, tout ce qu'elle enseigne jusqu'ici : tout le monde a nommé Auenbrugger et M. Piorry.

Ce qu'est Auenbrugger, comment il fut traduit par Corvisart, où en était la percussion avant M. Piorry, tout cela est de si fraîche date, et pourtant constitue un thème tellement fatigué, qu'il y aurait témérité et perte de temps à vouloir ici redire ce que tout le monde sait (1).

Quant aux discussions qui se sont élevées et qui se reproduisent chaque jour sur la valeur du *plessimètre*, qu'il me soit permis de n'en tenir pas compte. Habitué des cliniques de M. Piorry, et désigné par le sort à glorifier dans ce travail les enseignements du maître, je ne veux faillir ni à ma reconnaissance d'élève, ni à mes devoirs de candidat ; et j'ai cru devoir, dès le début, signaler ma fidélité à remplir ces deux obligations, en proclamant tout haut mes convictions et les sources où je les ai puisées.

Pour en finir avec ces préliminaires, je suppose donc établi :

1° *Que la percussion est éminemment utile au diagnostic;*

2° *Que la percussion peut être médiate ou immédiate;*

3° *Que la percussion médiate a sur l'autre une supériorité tellement évidente, qu'il est superflu d'élever là-dessus la moindre discussion;*

4° *Que la percussion médiate pratiquée avec le* plessimètre (2) *offre sur tous les autres modes un avantage généralement reconnu.*

---

(1) Voy. pour les détails historiques : 1° les œuvres de M. Piorry; 2° le *Manuel de percussion*, du docteur Mailliot, élève de M. Piorry. Ce petit ouvrage, qui n'est et ne pouvait guère être qu'un abrégé des ouvrages du maître en cette matière, peut toujours être consulté avec fruit, car il contient une grande partie de ce qu'il est essentiel de savoir sur les principes de la percussion.

(2) Nous n'attachons pas grande importance à la forme, à la matière du plessimètre, pourvu qu'il se rapproche toujours de celui qu'adopte M. Piorry, c'est-à-dire une plaque d'ivoire qui puisse commodément se tenir entre les doigts.

Toutefois, nous saisirons cette occasion pour mentionner une nouvelle mo-

Je ne parle pas des résultats vraiment prodigieux qui ressortent chaque jour de la clinique de l'habile praticien de la Pitié; tout le monde sait que si la *plessimétrie* est parvenue entre ses mains à un degré de perfection désespérant, on peut néanmoins compter par centaines les élèves qui savent lui faire honneur.

Les termes dans lesquels est posée cette question de thèse m'imposent tout d'abord l'obligation de dire hautement que, avant 1828, avant les travaux de M. Piorry, le problème eût été insoluble. Avouons-le donc, c'est uniquement et dans les travaux écrits de ce professeur, et surtout dans la pratique de son enseignement, que nous avons puisé les éléments de ce travail.

Quant aux écrits partiels qui ont été publiés sur la percussion, comme ils dérivent toujours en ligne droite de cette source commune, nous n'avons pu que médiocrement en profiter.

Nous citerons pourtant divers articles des journaux, la *Gazette des hôpitaux*, la *Gaz. médicale*, l'*Esculape* (1840), la collection des thèses de la Faculté (1841), celle des thèses d'agrégation, la thèse de concours de M. Chrestien (de Montpellier) entr'autres, le *Manuel de percussion* (Mailliot), etc., etc.

De la percussion à l'état normal. — Il nous a paru qu'il ne serait pas sans importance de déterminer avec précision quelles sont les dimensions à l'état sain, quelle est la forme de chacun des organes abdominaux, pour pouvoir induire sûrement leurs altérations pathologiques et en faire l'application au point de vue de la percussion : nous avons donc fait précéder chaque article spécial de la description sommaire de l'organe dont il y devra être traité. Toutefois, comme rien n'est plus

---

dification au mode de percussion par les doigts, tout récemment proposée par M. Piorry: il s'agirait, pour ceux qui voudraient se servir du doigt comme instrument de médiation, de remplacer, en certains cas, le doigt indicateur par l'ongle du pouce gauche.

inconstant que les dimensions des viscères, et qu'elles varient d'un individu à un autre, il n'est toujours possible d'en parler qu'avec les données générales fournies par l'expérience, en sorte qu'on peut dire que c'est à proprement parler une question de fait qui se reproduit à propos de chaque individu; et cette question de fait, c'est à la percussion seule qu'appartient le droit de la décider.

Du son des organes à l'état normal. — Mais en matière de percussion, il est un point au moins aussi important encore à établir, c'est la détermination du son que rend, à l'état normal, chaque organe en particulier; car, de quelque manière qu'elle soit pratiquée, la percussion a pour objet premier d'obtenir des sons; comme ils sont très-variés, M. Piorry en a formé l'échelle suivante:

SON { fémoral, jécoral, cardial, pulmonal, intestinal, stomacal, ostéal, humorique, hydatique, } correspondant à la percussion { de la cuisse. du foie. du cœur. du poumon. des intestins. de l'estomac. des os. d'organes creux remplis de liquides et d'air. d'une tumeur hydatifère. }

Pour compléter ce tableau, nous devons y ajouter le bruit de *pot fêlé*, qu'il ne faut pas confondre avec le bruit *humorique*.

Il correspond au bruit d'une caverne remplie d'air, et n'offrant qu'une issue étroite.

Le *bruit ostéal* représente dans cette échelle le degré de matité le plus inférieur, celui à partir duquel commence la succession ascendante de la sonorité qui finirait au son *tympanique*.

Application de la percussion au diagnostic des maladies de chaque organe. — L'utilité de la percussion dans les cas pathologiques doit être en raison directe des changements que les organes éprouvent sous le rapport du *volume*, de la *consistance*, de la *forme*, et de la *position*; or, ces changements peuvent être en général la conséquence : 1° de l'inflammation aiguë ou chronique, 2° des productions morbides ayant envahi la substance des organes. Appliquons ces données à l'étude des viscères en particulier. Comme il était très-indifférent de procéder dans cette étude par un point ou par l'autre, et qu'il fallait commencer pourtant, nous commençons par le foie.

FOIE.

Disposit. anatom. — Placé dans l'hypochondre droit, le foie répond en haut au diaphragme; en bas, au rein droit, à l'arc transverse du colon, à l'estomac; en avant et en arrière, à l'espace compris entre la cinquième et la douzième côte droite; son bord antérieur est en général au niveau du rebord des cartilages costaux (1); l'extrémité gauche est en rapport avec la grosse tubérosité de l'estomac et va parfois jusqu'à l'hypochondre gauche confiner à la rate. Les autres rapports avec les organes profonds n'ont aucun intérêt pour la percussion. Il résulte de cette délimitation la proportion en moyenne suivante, dans l'*état parfaitement sain*, savoir : 2 pouces tout à fait à gauche, 2 pouces et demi à droite de l'appendice xiphoïde, 3 pouces vers la hauteur du mamelon et 4 pouces au niveau de l'aisselle. (*Traité de diag.*, n° 1810. Piorry.) Notons qu'il est dit dans l'*état parfaitement sain*, car on peut voir dans les auteurs, ce que confirme l'expérience de chaque jour, à savoir, que rien n'est plus variable que ces dimensions du foie.

Afin d'éclairer cette question, nous allons donner le résultat des recherches de M. Piorry sur les dimensions du foie étudiées comparativement dans divers cas de maladies ayant leur siége en dehors de cette glande.

---

(1) «Toutefois, chez la plupart des femmes, il déborde plus ou moins la base du thorax, descend quelquefois jusque dans la fosse iliaque droite, et même atteint le détroit supérieur, sans lésion aucune de sa substance.» (Cruveilhier.)

La hauteur du foie fut trouvée, en moyenne, être :
1° Dans la bronchite, 19 cas, de 5 p. 7 lignes.
2° Dans la pneumonite, 22 cas, 5 p. 3 lignes.
3° Dans la phthisie pulmonaire, 47 cas, 5 p. 3 lignes et demie.
4° Dans le rhumatisme articulaire aigu, 8 cas, 5 p. 7 lignes et demie.
5° Dans la fièvre typhoïde, 55 cas, 5 p. et demi.
6° Dans la fièvre intermittente, 82 cas, 5 p. 5 lignes un tiers.
(Dans 24 cas d'hépatite, cette proportion fut de 7 pouces.)

Pour ne pas surcharger ce tableau nous n'avons noté que les dimensions prises sous l'aisselle, les autres dimensions du foie suivant à peu près régulièrement entre elles cette même variation. (Voy. *Diagn.*, § 1811 à 1818.)

Procédé opératoire. — Autant que possible, le malade doit être à jeun ; les muscles du ventre seront tenus dans le relâchement. La percussion se pratique dans le sens des deux dimensions du foie, de haut en bas, et d'un côté à l'autre : 1° au niveau de l'aisselle ; 2° au niveau du mamelon ; 3° sur la ligne médiane ; 4° en arrière (voy. *Gazette des hôpitaux*, 1844, n° 68 et suiv. ; *Nouvelles leçons sur la percussion du foie*) ; 5° à gauche de la ligne médiane. La percussion forte et profonde vers la convexité du foie, là où il est recouvert par une lame épaisse du poumon, doit devenir de plus en plus légère, à mesure qu'on s'approche du bassin ; on saisit alors avec facilité le point où le poumon cesse de recouvrir le foie. Dès qu'on a perdu la présence de la matité dans l'abdomen, il importe de remonter doucement et avec précaution pour arriver à une limitation précise ; la présence des intestins et de l'estomac sous l'épaisseur du foie devient ainsi fort appréciable. La matité trouvée de cette manière entre les poumons, les intestins et l'estomac, donne donc la circonscription exacte du foie, plus le degré de son épaisseur, de sa dureté, etc.

Passons maintenant en revue les différentes affections dont le diagnostic peut s'éclairer de la plessimétrie.

Application au diagnostic spécial.

1° L'*inflammation aiguë* (*hépatite*).—Assez peu commune, du reste, en nos climats, occupant rarement tout le volume du foie, l'hépatite donne lieu à une augmentation partielle que la percussion peut découvrir. La consistance est en raison de l'intensité de l'inflammation, et la forme subit une altération toute spéciale, l'augmentation de volume n'étant pas égale sur tous les divers points de l'organe; cette inflammation a lieu le plus ordinairement au lobe droit. Il serait difficile que la percussion seule pût établir le caractère différentiel entre l'inflammation *aiguë* et l'inflammation *chronique*.

2° La *congestion sanguine* (*hépato-hémie*).— Quand le mouvement fluxionnaire se manifeste au foie sous une influence autre que l'inflammation, l'augmentation de volume a lieu dans tous les sens à la fois, et, par conséquent, la forme de l'organe n'est pas altérée; d'où, pour le diagnostic, deux indications précieuses que la plessimétrie seule peut revendiquer. De plus, la congestion sanguine simple donne lieu à un accroissement plus subit, moins douloureux que l'hépatite; enfin les dimensions peuvent devenir énormes : ainsi, on l'a rencontré ayant jusqu'à 8 pouces de hauteur sous l'aisselle, 7 sous le mamelon, 6 pouces à l'épigastre, avec un développement plus ou moins étendu à gauche de la ligne médiane (Piorry). Enfin pour nous aider d'un signe diagnostic étranger à la percussion, ajoutons que la saignée est immédiatement suivie d'une diminution uniforme de volume dans la congestion simple; que dans l'hépatite aiguë, cette diminution est beaucoup moins sensible, et n'a lieu que dans les points localement enflammés; que l'hépatite chronique, due ordinairement à des causes persistantes, n'éprouve aucune variation de volume par les émissions sanguines. Quant aux abcès du foie, conséquence des hépatites, je ne sache pas que la percussion puisse en éclairer le diagnostic autrement que par l'existence de l'hépatite elle-même.

L'*apoplexie hépatique*, dont M. Andral a fourni plusieurs cas dans sa clinique, ne saurait, par la percussion, se distinguer de l'hépatohémie, et l'on peut dire même qu'elle n'en peut être différenciée que par la rapidité des symptômes, ou que par l'ouverture du cadavre.

3° *Productions morbides.* — Les altérations organiques, comme le cancer, les tubercules, les kystes hydatiques seraient difficilement révélées par la percussion seule; mais comme dans ces cas le foie augmente beaucoup de volume, d'une manière inégale ; que cette augmentation se fait lentement, progressivement, avec des douleurs persistantes; que la saignée n'y apporte aucun changement, la percussion peut, à coup sûr, constater l'hypertrophie d'abord; et comme celle-ci peut siéger dans l'un ou l'autre des deux lobes dont elle aura altéré la configuration, la plessimétrie aidera, par là, puissamment au diagnostic différentiel, en éclairant les circonstances commémoratives et fonctionnelles. Il convient toutefois de faire exception pour les tumeurs hydatiques que la théorie indique comme plus facile à diagnostiquer, quand la tumeur est superficielle, et s'il s'y joint le frémissement hydatique. (Briançon et Piorry, thèses de la faculté, 1828.) Voy. *Percuss. médiat.*, p. 28; Tarral, *Journal hebdomadaire de méd.*, t. 7; Mailliot, *Manuel*, p. 49.)

Quant aux névroses du foie, affections peu connues du reste, la percussion ne peut y apporter que des renseignements vagues et utiles seulement par leurs caractères négatifs.

Les changements de *position* du foie peuvent être naturels, la percussion n'en tirerait aucune induction utile; ils peuvent être liés à un développement accidentel des viscères voisins, par exemple : à un pneumothorax, à un épanchement pleurétique, etc. , la percussion dès lors viendrait en aide au diagnostic de l'affection principale.

VÉSICULE DU FIEL.

Fixée à la face inférieure du lobe droit, et reposant sur le colon transverse, la vésicule biliaire dépasse à peine, à l'état normal, le rebord antérieur du foie et s'applique contre les parois abdominales, au niveau du bord externe du muscle droit, immédiatement au-dessous du rebord cartilagineux des côtes, au voisinage de l'extrémité antérieure de la dixième côte. Pourtant quand la percussion fait reconnaître une matité avec peu de résistance, dépassant le rebord du foie dans un espace de forme circulaire variant d'un à plusieurs pouces de diamètre, et existant là où se trouve ordinairement la vésicule, il est alors presque certain que c'est elle que l'on aura limitée. « Il en sera surtout ainsi, dit M. Piorry, lorsque le bruit hydro-pneumatique se rencontrera sur l'espace occupé par le son mat, et lorsque, le malade étant couché sur le côté gauche (position qui permet aux liquides de l'estomac et des intestins de se porter à gauche), la matité dont il s'agit persistera. (*Diag.*, 1824.) Par l'étendue de l'espace où se trouve le son mat, on juge très-bien du volume de la vésicule. » (*Percuss. médiat.*, page 241.)

Applications pratiques. — *Distension de la vésicule biliaire*, 1° par la bile; 2° par les calculs biliaires.

1° *Par la bile.* — Rien de plus facile que la délimitation de la vésicule dans le cas de distension (cysti-ectasie). Nous verrons plus bas les applications pratiques.

2° *Par les calculs biliaires.* — Il est bien entendu qu'ici la distention vésiculaire serait tout au moins aussi reconnaissable. Quant au bruit particulier qu'on affirme avoir été entendu alors sous la pression de la main, la plessimétrie serait tout à fait à même de pouvoir l'apprécier si l'occasion s'en présentait. Voilà pour la constatation pure et simple de la vésicule ; voyons maintenant à quelles applications pathologiques cette connaissance peut conduire.

Si la vésicule est distendue, c'est qu'apparemment il y a une sécrétion plus active de la bile (*congestion ou excitation du foie*; Roche, Dict. en 15 vol.), ou un rallentissement dans les fonctions digestives, ou un défaut au cours de la bile. Ce défaut peut être le fait d'une inflammation siégeant à la vésicule, au conduit cystique, au conduit hépatique, au canal cholédoque, ou même au duodénum ; si cette inflammation est due à des tumeurs cancéreuses ou à la présence de calculs dans l'un de ces points, la plupart du temps le diagnostic est au moins douteux ; dans tous les cas, il est certainement difficile.

Résumé. — La plessimétrie permet de constater des changements de forme, de consistance, de volume partiel dans les tumeurs cancéreuses, tuberculeuses et hydatiques du foie.

Elle donne un moyen précieux de diagnostic différentiel entre l'hépatique aiguë et l'hépatique chronique ; entre celle-ci et la simple congestion du foie (*hyperhémie*).

Par elle s'expliquent : L'influence réciproque de l'état du foie sur les organes thoraciques et abdominaux ; la valeur de la saignée et des purgatifs dans ces différents cas ; enfin, la corrélation entre le volume du foie d'une part et l'hyperhémie ou l'anhémie de l'autre.

En ce qui touche la vésicule du fiel, la percussion démontre : 1° que dans l'ictère (*cholihémie*), le réservoir est distendu par la bile et qu'ainsi l'obstacle au cours de la bile siége, non dans la substance du foie, mais dans les canaux biliaires ; d'autre part, que l'hépatite, l'hyperhémie et l'hypertrophie du foie existent, la plupart du temps, indépendamment de l'ictère, et *vice versa;* qu'au contraire, la phlegmasie ou l'hyperhémie du foie est souvent consécutive à la distension vésiculaire ; d'où, pour la pratique, l'indication de pressions méthodiques sur la vésicule, etc., etc. (*Traités de médecine pratique.*)

En dernier lieu, si la percussion ne suffit pas à déterminer toutes les lésions du foie, au moins, est-elle un précieux auxiliaire qu'il ne faut jamais négliger ; et certes, la proposition eût été plus facile à démontrer si j'avais pu la comparer avec les indications fournies soit par les autres symptômes, soit par les données de la science (*inspection, palpation*, etc.) tant dans les affections dont j'ai parlé, que dans une foule d'autres cas que j'ai dû omettre, sous peine de m'étendre indéfiniment.

Ceci est applicable à la suite de ce petit travail ; qu'il me suffise de l'avoir consigné une première fois.

RATE.

Disposition anatomique. — La rate est située profondément dans l'hypochondre gauche, au-dessous du diaphragme, au-dessus du colon descendant, entre la grosse tubérosité de l'estomac et les cartilages des fausses côtes, au-devant de la capsule surénale correspondante et de la partie supérieure du rein du même côté. Son volume ne peut être rigoureusement déterminé ; et ici nous aurions pour ainsi dire à répéter ce que nous avons dit précédemment pour le foie, tant l'âge, les idiosyncrasies, les conditions physiologiques peuvent apporter de changements dans la forme et le volume de cet organe : toutefois, il résulte des recherches de M. Piorry à cet égard, qu'on peut en général en fixer la hauteur à 4 pouces, à 3 pouces la largeur, et l'épaisseur à un peu moins de 3 pouces ; d'où nous nous croyons en droit de conclure que toutes les fois que la rate excédera les données précédentes, nous aurons, dans la majorité des cas, la présomption d'un état pathologique.

1° *De la percussion appliquée au diagnostic des principaux états organo-pathologiques de la rate.*

1° Hypertrophie (augmentation de volume de la rate);
2° Splénite.
3° Névralgies.
4° Affections tuberculeuses et cancéreuses.
5° Fièvres intermittentes simples et pernicieuses.

Procédé opératoire. — Si l'inspection, la mensuration, la palpation ont pu quelquefois aider dans l'appréciation de l'état pathologique de la rate, on conçoit quel parti l'on peut, à plus forte raison, tirer de la plessimétrie. Bien plus, dans tous les cas où toutes ces données sont insuffisantes et inapplicables, la plessimétrie seule trouve son application, et, l'on peut dire, son triomphe. En effet, de la position de la rate, il résulte que, si l'on percute le poumon gauche dans la direction d'une ligne qui partirait du sommet de l'aisselle à l'épine iliaque antéro-supérieure, on rencontre au niveau de la neuvième côte une matité qui devient de plus en plus sensible jusqu'à la onzième côte, parce que la lame du poumon va aussi en décroissant d'épaisseur. La limite inférieure n'est pas toujours facile à préciser quand il y a des matières fécales dans l'extrémité gauche du colon transverse, d'où l'indication de tenir libres l'estomac et les intestins, de placer les muscles dans le relâchement, etc., etc. Quand le foie s'avance jusque sur la face externe de la rate, on conçoit quelle difficulté il y a à limiter les deux organes; enfin, en dedans et en arrière, la colonne vertébrale et le rein s'opposant à ce que la rate s'étende en ce sens, il devient sans intérêt que sa limite y soit déterminée, puisqu'elle ne varie pas.

Voyons maintenant les applications.

Quant à la forme, à la position de la rate, si c'est d'une manière absolue qu'on l'entend, il est évident que la percussion est apte à en constater les variations; si c'est d'une manière relative, cette question rentre dans la suivante, puisque la rate ne saurait changer ses dimensions sans altérer en même temps, jusqu'à un certain point, sa forme et sa position. Restent donc les divers états pathologiques.

1° *L'hypertrophie.* — Sous cette dénomination, il faut comprendre une augmentation de volume quelconque, car jusqu'ici la science n'a pas encore prononcé si cette augmentation siége dans le tissu propre ou dans les vaisseaux de la rate. La percussion a constaté que cette hypertrophie peut acquérir jusqu'à 12 pouces et plus.

2° *La splénite.* — M. Piorry n'a pas vu que dans cette affection la rate dépassât, au maximum, *7 pouces de hauteur.*

3° *Névralgies.* — En général, caractères négatifs.

4° *Affections tuberculeuses et cancéreuses.* — On ne pourrait tirer d'indications plessimétriques précises que de la forme inégale et bosselée de la rate.

5° *Fièvres intermittentes, simples et pernicieuses.* — Il résulte des travaux de M. Piorry, et des nombreuses discussions élevées à ce sujet, que « dans l'immense majorité des fièvres intermittentes de divers types, la rate est hypertrophiée » (*Diagn.*, § 1919), en sorte que la question de l'hypertrophie de la rate serait à peu près celle des fièvres intermittentes. Nous n'ignorons pas tout ce qui a été écrit pour et contre ; quant à nous, nous avons été trop de fois témoin de l'application de la formule de M. Piorry pour négliger d'en proclamer la justesse et la portée. Est-ce à dire que par là soit jugée la question de cause à effet entre l'hypertrophie de la rate et la fièvre intermittente ? Nous ne le pensons pas ; et pourtant l'affirmative, suivant M. Piorry, n'est certes pas indifférente pour la pratique.

Conclusions tirées de ces opinions. — Toute fièvre intermittente bien franche coïncide avec une rate plus ou moins développée ; en général, ce développement est en raison directe de l'intensité de la fièvre. Dès les premiers accès, l'hypertrophie peut se constater. Elle est plus sensible dans le moment des accès que dans leur intervalle, *surtout lorsque la rate est déjà volumineuse par suite d'accès antérieurs.* (Cruveilhier, *Anat.*) Sous l'influence du *quinquina*, la rate diminue rapidement de volume. Cette diminution est en raison de la solubilité des sels de quinine, et de la quantité de leurs doses. Dans la première demi-heure qui suit l'administration du médicament, l'effet est à peu près épuisé, et la plessimétrie indique la quantité d'action du médicament par la diminution progressive du volume de la rate. Puisque les fièvres intermittentes sont dans un rapport constant avec l'état de la rate, si cet organe se trouve encore hypertrophié chez des sujets ayant été déjà atteints de fièvres, *on peut affirmer que la guérison n'est qu'apparente* (*Diag.*, 1924); d'où l'on peut pronostiquer le retour de la fièvre ; d'où l'on peut diagnostiquer aussi une fièvre pernicieuse même sur des sujets incapables de fournir aucun renseignement; d'où, enfin, l'on peut prédire la cessation de tout accès, si, dans l'intervalle de l'accès, la rate a été trouvée réduite à l'état normal.

La plessimétrie a permis de se rendre compte de l'intermittence de la fièvre dans certaines affections du tube digestif, des poumons, etc., affections qui ne légitimaient pas suffisamment le caractère intermittent.

Dans quelques cas de splénite et de splénalgie, elle a montré la rate hypertrophiée; alors que la douleur locale paraissait insuffisante à expliquer l'état pathologique.

Nous n'avons pas besoin d'insister sur l'importance des autres signes fournis par la pathologie : il est évident que, dans les affections de la rate, aussi bien que dans toute autre maladie, il faut, pour établir un diagnostic rationnel, s'éclairer de toutes les données que la science met à notre disposition.

REINS.

Disposition anatomique. — Les reins offrent pour dimensions ordinaires 3 pouces et demi à 4 pouces de long, 2 de large et 1 d'épaisseur (Cruveilhier). Situés de chaque côté de la colonne vertébrale, ils n'ont pas des rapports identiques de chaque côté; d'ailleurs, le rein droit est ordinairement plus bas placé que le gauche. Leurs rapports communs sont : par la face postérieure, en bas, avec le muscle carré des lombes et le psoas; en haut, avec le diaphragme qui les sépare du poumon et des deux ou trois dernières côtes; par leur face antérieure, en bas, avec le colon lombaire ; correspondant en haut, avec le foie et la seconde partie du duodénum, pour le rein droit, avec la rate et la grosse tubérosité de l'estomac, pour le rein gauche. Leur direction longitudinale est un peu oblique de haut en bas et de dedans en dehors. Par leur circonférence, ils touchent, en dehors, au colon; en haut, à l'estomac ou à des portions d'intestins; en bas, à des anses intestinales. Il arrive parfois que la limite inférieure se perd dans la fosse iliaque.

De ces rapports multiples et fractionnés, il résulte bien évidemment une grande difficulté dans la délimitation des reins; et certes, il ne faut pas une médiocre habitude de la plessimétrie pour pouvoir en tirer un grand parti dans les affections des reins. Toutefois, nous avons été si souvent témoin des résultats obtenus par M. Piorry, que nous n'hésitons pas à regarder la percussion comme un puissant auxiliaire dans l'étude de ces affections.

Procédé opératoire. — Les précautions à prendre sont si nombreuses, qu'il faut renvoyer aux traités spéciaux. Contentons-nous de rappeler les principales dispositions qu'exige la situation profonde des reins. En premier lieu, on conçoit qu'il faille fortement déprimer les tissus, en bas particulièrement, où les parois ont le plus d'épaisseur; il faut tenir compte de la lame du poumon, en haut, en communiquant à ce point un choc assez modéré qui permette de reconnaître tout d'abord la résistance et la matité absolue du rein. Plus forte, la percussion s'adresserait à la masse du foie; à gauche pourtant la percussion peut être pratiquée avec plus de force. Une fois le rein reconnu, il faut descendre graduellement et légèrement jusqu'à ce qu'on perde la limite de résonnance du poumon; dès lors, il faut percuter vivement jusqu'à ce qu'un son tympanique ou humorique avertisse qu'on est arrivé à la limite inférieure. Quant à la circonférence externe, elle se détermine suivant les données générales. Il ne faut pas négliger de mesurer les deux reins chez le même sujet.

Applications pathologiques. Forme et position. — Dire que la plessimétrie peut constater des variations dans la forme et la position des reins, c'est affirmer qu'elle peut les limiter; autrement, elle serait d'une vaine application. Arrivons donc au fait capital.

Hypertrophie du rein. — C'est toujours au volume du rein qu'il faut, en définitive, rapporter les signes diagnostiques fournis par la percussion. Or, quelles sont les affections du rein dans lesquelles se rencontre cette amplification de volume ?

1° La *néphrite*. — Oui, tous les auteurs sont à peu près d'accord sur ce point; les deux reins ou l'un seulement des deux peuvent acquérir un grand accroissement de volume; toutefois, comme, en général, on n'a eu que fort rarement l'occasion d'ouvrir des individus morts de néphrite, la science possède fort peu de faits à l'appui. Ici, la percussion sera d'une application d'autant plus importante pour les recherches à venir, que les signes fournis par les urines sont des plus variables pour la quantité, la couleur, l'odeur, le composition, etc.

2° *Collections purulentes.* — On sait que des abcès plus ou moins volumineux peuvent se produire dans la substance des reins à la suite d'une néphrite des différentes couches de cet organe. (Portal, *Ann. méd.*, t. 5.) On cite de curieux exemples tirés de divers auteurs, Bonet, Morgagni, etc. Boyer parle assez longuement de la fréquence des abcès logés entre le péritoine et les muscles de la région lombaire. Or, on conçoit toute la portée de la plessimétrie dans ces divers cas, soit pour confirmer un diagnostic rationnel, soit pour limiter l'étendue de ces collections purulentes, et guider sûrement le bistouri ou le trois-quarts explorateur à travers les anses intestinales. Toutefois, il n'est pas nécessaire ici que l'hypertrophie soit constatée; le rein pourrait n'être que peu amplifié, surtout si l'abcès communiquait avec les voies urinaires. Il faut moins compter pouvoir, par la plessimétrie, saisir les nuances d'un rein dégénéré au milieu d'un tissu cellulaire infiltré de pus; la percussion n'est pas susceptible d'une telle perfection. Toujours est-il qu'on ne saurait nier l'étendue des services qu'elle peut rendre dans des cas si difficiles.

3° *Diabète.* — Il serait à désirer que la science fût plus avancée dans la connaissance de cette curieuse affection; car si les reins ont, dans la majeure partie des cas, offert un accroissement de volume, dans les autres, ils étaient plus petits ou dégénérés et plus ou moins transformés dans leur parenchyme. (Boyer, t. 8; Rayer, t. 1.)

4° *Pyélite chronique.* — M. Rayer a donné l'observation d'un cas où le rein était plus petit qu'à l'état normal. Est-ce que vraiment la résistance de la tunique fibreuse, épaissie accidentellement, a suffi pour empêcher l'accroissement du rein? Quoi qu'il en soit, le fait existe, mais c'est le seul jusqu'ici; autrement, l'hypertrophie accompagne toujours cette affection. (Rayer, pl. 11, fig. 5.)

Telles sont les affections du rein dans lesquelles la plessimétrie peut jouer un rôle positif. Il aurait été facile de citer des cas de volume excessif des reins. On peut, à ce sujet, lire l'excellent ouvrage de M. Cruveilhier, les travaux de M. Rayer; Martin-Solon, Chopart et Lieutaud ont cité des faits prodigieux; ce dernier fait mention de reins dont l'un pesait 35 livres et l'autre 60. (*Mel. cur. nat.*, t. 1, obs. 1064.)

Ce n'est pas dans les maladies propres aux reins seulement qu'il faut appliquer la percussion, il convient de ne jamais la négliger; car une foule d'observations démontrent que l'hypertrophie rénale coincide souvent avec d'autres affections. (Rayer, Martin-Solon, Toulmouche, *Gaz. méd.*, 1839, t. 7, p. 13, etc.)

Dans le cas de *dilatation des uretères*, il est évident que la percussion peut en aider singulièrement le diagnostic, d'autant plus qu'à l'état normal, elle ne peut fournir sur leur présence aucun renseignement. M. Rayer cite un cas où, par la percussion, il a trouvé pratiquement les résultats théoriques indiqués par M. Piorry. (*Per. méd.*, p. 232.)

« Il faudrait qu'un calcul du rein ou de son conduit d'excrétion fût énorme pour que la percussion médiate fournît quelque signe en rapport avec sa présence. (*Diag.*, § 2072.) Toutefois, M. Piorry admet que, dans ce cas, la percussion, s'éclairant de l'auscultation, pourrait donner quelque résultat utile. (Op. cit., § 2079.)

Ce serait à ne pas finir si l'on voulait énumérer toutes les circonstances où la plessimétrie serait en mesure d'éclairer le diagnostic différentiel dans des cas obscurs. M. Piorry en cite un fait assez curieux qu'il eut occasion d'observer de concert avec M. Rayer. (Op. cit., § 2,073.)

Il est bien entendu que, dans toutes ces affections, la percussion peut et doit s'aider des autres moyens diagnostiques que la science met à notre disposition.

VESSIE.

Disposition anatomique. — Logée dans l'excavation du bassin, la vessie, suivant son état de plénitude ou de vacuité, affecte des rapports plus ou moins étendus, en haut, avec les circonvolutions de l'intestin grêle, sur les parties latérales, avec le cœcum et l'S iliaque du colon. Vide d'urine, elle s'applique contre les pubis; dans le cas contraire, elle les déborde plus ou moins jusqu'à s'appliquer contre les parois abdominales.

Proportionnellement plus grande dans les premiers temps de la vie, il est admis que la vessie est aussi plus considérable chez la femme, plus esclave que l'homme des bienséances sociales. Arrondie, en général, ou même sphéroïde d'un côté à l'autre chez cette dernière, elle est ovoïde chez l'homme, tandis que, chez l'enfant, elle présente une forme allongée.

La direction de son grand axe est oblique de haut en bas et d'avant en arrière. A l'état normal, elle ne contient pas de gaz.

Procédé opératoire. — C'est tout ce qu'il y a de plus simple. Percuter en différents points au-dessus des pubis, avec soin et graduellement jusqu'à déprimer fortement, si besoin est, les parois abdominales et les anses d'intestins qui peuvent s'y rencontrer: voilà le problème. Bien entendu que le bassin sera un peu élevé. Or, cette opération plessimétrique, si simple, conduit à une foule d'applications pratiques, utiles, non pas seulement au médecin, mais encore au chirurgien.

Nous n'entrerons pas dans le détail minutieux des soins à apporter dans la percussion de la vessie; notons seulement que, lorsque la vessie est distendue par une quantité notable d'urine, la plessimétrie peut faire reconnaître la situation, la forme, la dimension et l'état de plénitude de cet organe. Un son dont la matité est un peu moindre que celle du foie, et qui est accompagné de moins de résistance au doigt, correspond à la vessie distendue par beaucoup de liquides. Pratiquée sur la circonférence de l'organe lorsqu'il n'est pas très-distendu, et que ses tuniques sont minces, la percussion fait entendre le bruit humorique, ainsi que sur les points où les intestins touchent à la vessie. (*Diagn.*) Si les intestins s'interposent entre la vessie et les parois abdominales, là se trouve superficiellement résonnance et élasticité; si, à quelque profondeur que la plaque d'ivoire soit portée, l'élasticité et la résonnance sont parfaites, on n'a pas affaire à la vessie, ce qui a lieu dans les parties déclives et latéralement.

Applications pathologiques. — 1° Par la percussion on peut savoir si la vessie est séparée ou non des parois abdominales par des anses intestinales.

2° La percussion empêche de prendre la suppression pour la rétention d'urine, puisque, ainsi que nous l'avons dit déjà, une clarté de son produite à toute profondeur au-dessus du pubis sera un signe certain de la vacuité de la vessie, tandis qu'un son plus ou moins mat de la région sus-pubienne apprendra que la vessie renferme plus ou moins d'urine (1).

---

(1) On lit, dans la thèse de M. le docteur Chrestien, l'observation suivante :

«Un homme d'une soixantaine d'années n'avait pas uriné depuis deux jours ; il avait l'hypogastre saillant; la sonde arrivait à 7 pouces, 7 pouces et demi de profondeur, mais s'arrêtait et n'amenait point d'urine. L'état général du malade était à peu près celui que l'on remarque à la suite d'une rétention d'urine prolongée; le ventre était distendu, la poitrine et le cerveau commençaient à s'embarrasser.

«L'exploration avait été faite et répétée à plusieurs heures d'intervalle, par un des chirurgiens de Paris les plus exercés dans le cathétérisme. Ce chirurgien se crut obligé de faire la ponction; il plongea, en conséquence, le trois-quarts

3° La percussion sert encore à distinguer une distension de la vessie par l'urine, d'un météorisme produit par une entérite typhoïde.

4° La percussion du bas-ventre décèle la présence d'urine dans la vessie, alors que souvent le malade urinant par regorgement, on serait quelquefois porté à croire au libre cours des urines.

5° Dans les cas de distension urineuse de la vessie, la percussion peut en conjurer les conséquences et les dangers, tels, par exemple, que la rupture de la vessie, la déchirure de l'urèthre. Il est bien vrai que les auteurs citent des faits extraordinaires de distension de cet organe sans accidents; et, sans croire d'une manière absolue aux 80 pintes d'urine citées par Frank (liv. 4, p. 507), on y rencontre assez fréquemment trois, quatre, six et dix livres de liquide (Boyer, t. 9). Eh bien, cet état pathologique pourra se distinguer par la plessimétrie de la grossesse, du météorisme, de l'hydropisie ascite : *de la grossesse,* par un son moins mat, moins dur, moins résistant; du *météorisme,* ici, il est inutile d'insister; de l'*hydropisie,* ici la percussion ne saurait, d'une manière absolue, établir seule le diagnostic différentiel, il lui faut alors s'aider de symptômes propres à l'ascite; la distinction en serait plus difficile encore, s'il s'agissait d'une hydropisie enkystée. (Voy. *Maladies du péritoine.*)

6° La percussion de la vessie est d'un grand secours dans beaucoup

---

à la partie inférieure de la ligne blanche; nous vîmes sortir par la canule, d'abord des gaz, puis des matières fécales; il ne sortit point une seule goutte d'urine; quinze heures après, le malade n'existait plus.

« A l'ouverture du cadavre, sous les yeux de l'opérateur, nous reconnûmes que la vessie était vide, que la tumeur de l'hypogastre provenait de la distension de l'intestin grêle par des gaz; il y avait eu une suppression d'urine et non une rétention de ce liquide; la sonde arrivait à la vessie, elle ne donnait pas d'urine, parce qu'il n'y en avait point. » (Ségalas, *Traité des rétentions d'urine,* p. 102, 1828.)

Quelle déplorable erreur n'eût pas évitée ici une percussion préliminaire!

d'autres maladies, citons pour exemples : la *compression, la commotion du cerveau et de la moelle épinière*, etc., les *affections aiguës des viscères encéphaliques et thoraciques* la *compression du col de la vessie ou de l'urèthre*, par des matières étrangères ou par des tumeurs continues dans le rectum, dans la verge, par les hernies recto-vaginales, etc.; et, pour le répéter encore, le *météorisme* simulé, dans les fièvres ataxiques, adynamiques, par la distension vésicale, etc. On comprend facilement quels services on peut attendre, dans ces différents cas, de la percussion qui devra, par suite, servir d'un guide sûr pour la pratique et l'opportunité du cathétérisme et prévenir plus d'une fois des paralysies consécutives avec tous leurs accidents. Nous pourrions citer encore tout ce cortége de maladies propres aux voies urinaires accompagnées de distension de la vessie, mais nous n'en parlerons que pour mémoire, sachant que c'est dans les symptômes pathognomoniques de chacune de ces affections qu'il faut chercher les premières indications; disons, toutefois, que dans la cystite les résultats de la percussion sont négatifs.

7° La percussion médiate de la vessie, avons-nous dit, n'est pas moins utile au chirurgien qu'au médecin. Ainsi, dans le cas de rétrécissement de l'urèthre, elle apprendra au chirurgien s'il lui est possible encore de temporiser, ou s'il y a urgence à agir. S'agit-il de pratiquer la ponction, la plessimétrie sera en droit de déterminer le lieu d'élection, par les rapports de la vessie avec les parois abdominales et avec les intestins; d'où le lieu précis du point à attaquer pourra varier de quelques pouces sans être étroitement restreint aux limites indiquées par une opinion ou par une autre (*Velpeau*, 1 *pouce au-dessus du pubis; Bell, Boyer, Malgaigne*, 1 *pouce et demi; d'autres*, 2; *d'autres*, 3 *pouces*). La percussion peut encore être la raison déterminante qui fasse recourir à la ponction de la vessie par le rectum; elle peut être encore utile pour des motifs analogues dans la détermination de l'opération de la taille.

On a cité des exemples de gaz développés spontanément dans la vessie (Ségalas, *Gazette des hôpitaux*, t. 4, p. 94); des communications fistuleuses avec les intestins, l'introduction de l'air par une sonde, ou à la suite d'injection vésicale, peuvent y en amener également; nul doute que la percussion ne pût alors constater un bruit humorique. Toutefois, comme l'expérience n'a encore rien révélé à ce sujet, nous nous contentons d'en signaler la possibilité pour des cas analogues. Il est inutile de dire que, si la vessie occupait une partie de l'abdomen différente de celle où ordinairement on la rencontre, la percussion serait appelée à en constater le véritable siége.

ESTOMAC.

Disposition anatomique. — Situé dans l'hypochondre gauche qu'il remplit presque complétement, l'estomac s'avance jusqu'à l'appendice xyphoïde, qu'il dépasse même, pour atteindre les limites de l'hypochondre droit; obliquement dirigé de haut en bas et de gauche à droite, l'estomac se rapproche plus ou moins de la direction verticale chez la femme habituée à serrer sa taille.

La capacité de cet organe est des plus variables. Revenant fortement sur lui-même dans l'abstinence, l'estomac est susceptible d'acquérir les dimensions les plus exagérées chez les personnes habituées à faire des repas copieux et à de longs intervalles. Sa face antérieure ou supérieure est séparée du cœur et des cinq ou six dernières côtes par le muscle diaphragme; l'extrémité gauche du foie se prolonge plus ou moins sur elle; sa grande courbure est longée par l'arc du colon; sa grosse extrémité répond à la moitié antérieure de la face interne de la rate, dont elle suit le déplacement; elle répond, en outre, dans la plus grande partie de son étendue, à la moitié gauche du diaphragme, qui la sépare en haut des poumons et en avant des six dernières côtes; enfin, la grosse extrémité de l'estomac touche au rein gauche (Cruveilhier).

Lorsque cet organe est très-développé, il peut, dépassant les fausses côtes, se placer au devant de l'arc du colon; il peut aussi se faire qu'il soit plus ou moins recouvert par le colon transverse et les intestins grêles selon son état de vacuité ou de plénitude. (*Traités d'anatomie.*)

Quelles sont les dimensions de l'estomac à l'état normal ? Telle est sans doute la première question à laquelle nous aurions à répondre; mais on conçoit parfaitement ici qu'outre toutes les différences de dimensions que cet organe peut offrir chez les différents sujets, un si grand nombre de circonstances viennent encore augmenter ou diminuer sa capacité, qu'il est impossible de rien déterminer de positif à cet égard.

En effet, des gaz ou des liquides réunis ou non, des aliments en plus ou moins grande quantité peuvent y être renfermés; tous ces différents états doivent faire varier les résultats plessimétriques depuis la résonnance tympanique la plus évidente jusqu'à l'obscurité la plus marquée; résultats dus évidemment non pas à l'organe, mais bien à la nature des matières qui s'y trouvent renfermées.

Procédé opératoire. — Dans ses points de rapport avec la rate et le foie, la délimitation de l'estomac sera facile; mais entre le bord supérieur de la rate et la pointe du cœur se rencontre une lame du poumon, qui sépare l'estomac des parois thoraciques. Pour rencontrer le son propre à l'estomac à travers cette lame, il faut frapper avec une certaine force; on se sert du même procédé pour déterminer de quelle quantité le ventricule s'étend en arrière de l'extrémité gauche du foie. Au niveau de la grande courbure, on ne rencontre plus que l'épaisseur des parois thoraco-abdominales; il faut y percuter légèrement. La résonnance stomacale se distingue assez facilement pour l'ordinaire de celle que produit l'intestin. Quand cette différence n'est pas assez tranchée ou qu'on reste dans le doute, une ou deux verrées de liquide administrées au malade peuvent juger la question. Si l'expérience ne suffisait pas encore, on serait en droit de conclure que l'estomac est caché par l'intestin. Il faut avoir recours alors au refoulement à droite et à gauche, noter la qualité de son fourni par le liquide, faire varier les positions, comparer les résultats obtenus dans la grande et la petite courbure, en tenant compte de la différence réciproque de leur capacité, etc.

Application de la percussion aux divers états de l'estomac. — 1° Le son que fait entendre l'estomac, lorsqu'il ne renferme que des gaz, est très-clair; le doigt qui percute, loin d'éprouver de la résistance, éprouve, au contraire, la sensation d'une élasticité très-prononcée.

2° Si l'estomac contient des aliments ou des liquides en plus ou moins grande quantité, le son perçu est beaucoup plus mat, et la sensation d'élasticité nulle ou à peu près nulle.

3° Si des gaz et des liquides s'y rencontrent à la fois, ces derniers, par leur pesanteur spécifique, en occupent la partie la plus déclive; si l'on vient alors à percuter, on trouvera la matité du liquide tout à fait en bas, la sonoréité et l'élasticité du gaz à la partie élevée, et, à la ligne de niveau, le bruit humorique ou hydropneumatique.

4° Si l'on fait changer de position le sujet que l'on percute, on comprend facilement le résultat que l'on doit obtenir, résultat toujours conforme aux lois de la pesanteur.

Il résulte de ce que nous venons de dire, que tous ces caractères de son et tous les changements de place qu'on peut leur faire subir, appartiennent très-exactement à l'espace occupé par l'estomac, et que les résultats plessimétriques que l'on obtient au-dessus, au-dessous ou sur les côtés appartiennent aux autres organes abdominaux, qui ne varient pas en raison des changements d'attitude. Voyons maintenant quels avantages pourront nous fournir les données précédentes.

1° On a pu, dans beaucoup de cas, juger par la plessimétrie du siége et de la capacité de l'estomac.

2° Une douleur se manifestant à l'épigastre, quel est l'organe malade? La plessimétrie, révélant la présence du foie, de l'estomac ou bien de l'intestin, précise le diagnostic et vient ainsi en aide à la thérapeutique.

3° La plessimétrie peut, si le cas l'exige, démontrer si l'estomac contient ou non des aliments.

4° Enfin par la plessimétrie on peut encore expliquer un défaut d'appétit dû au séjour prolongé des aliments dans le ventricule, la suffocation que peut amener un estomac trop distendu par des substances quelconques en refoulant le diaphragme, et par contre le cœur et les poumons; par elle encore on pourrait arriver à la digestibilité stomacale de quelques substances; disons enfin, avant de terminer, que par le degré de matité, la plessimétrie laisse en quelque sorte juger de l'épaisseur, de l'étendue et de la forme des tumeurs gastriques.

Voyons maintenant quelques-unes des affections de l'estomac en particulier, afin d'apprécier dans chacune d'elles les ressources que peut nous fournir cette méthode d'exploration.

1° *Hématémèse* (*melœna*, *gastrorrhagie*). — Il est évident que la plessimétrie ne peut ici que donner les signes fournis par la présence de liquides contenus dans l'estomac; on pourra par son intervention déterminer, dans certaines circonstances, la quantité de sang existant, avant comme après le vomissement, dans le ventricule.

2° *Pneumatose de l'estomac.* — Le premier caractère de cette affection fourni par la percussion est une sonorité tympanique très-prononcée qui pourrait quelquefois en imposer pour un pneumothorax; la percussion des régions antérieures et latérales de la poitrine vient ici en aide au diagnostic.

3° *Changement de position de l'estomac.* — L'estomac est susceptible de se déplacer en partie ou en totalité, de manière à venir occuper d'autres régions de l'abdomen que la région épigastrique; la percussion, en indiquant ces changements de position, aidera singulièrement encore le diagnostic, quand il s'agira de déterminer la part que l'estomac peut prendre dans la composition des tumeurs herniaires. Soit l'exemple suivant:

A. *Hernie de l'estomac à travers l'anneau inguinal du côté droit.* — « On a eu quelque raison de penser que l'estomac était en partie descendu dans le canal inguinal droit chez le malade dont je vais en quelques mots donner l'observation. Le sujet de cette observation.

âgé de soixante-treize ans, portait, au devant et en haut d'un énorme éléphantiasis du scrotum, deux tumeurs herniaires, l'une à droite, l'autre à gauche; ces tumeurs donnaient un son clair quand le malade était à jeun, mais aussitôt qu'il avait mangé, on observait de la matité dans la hernie droite, la gauche continuant de donner un son clair; on varia les expériences, et l'on vit la tumeur droite augmenter à mesure que le vieillard prenait des aliments; de plus, en faisant boire le malade et en appliquant la main sur la tumeur, on perçut distinctement le choc du liquide qui arrivait dans son intérieur. » (Bérard aîné.)

B. *Hernie de l'estomac à travers la ligne blanche ou gastrocèle.* — On peut en lire une curieuse observation, due à M. Veyne, dans le *Manuel de percussion* du docteur Mailliot, p. 189. L'analogie conduit à admettre comme très-possible le diagnostic d'un gastrocèle diaphragmatique; mais jusqu'ici on n'en connaît aucune observation.

4° *Tumeurs de l'estomac.* — « Lorsque l'estomac est le siége d'une tumeur solide, le doigt qui le percute y rencontre de la dureté et de la matité; si cette tumeur occupe la partie antérieure de l'organe, et si des gaz se trouvent situés derrière elle, la percussion faite légèrement et sans appuyer beaucoup le plessimètre, donne un son mat; celui-ci est remplacé par un son plus clair, lorsque l'instrument est percuté avec plus de force. » (Piorry, *Traité de diag.* t. 2, p. 82.)

5° *Affections nerveuses de l'estomac.* — La percussion ne peut venir en aide dans le diagnostic de ces affections, que pour faire constater la présence de gaz qui se développent si souvent alors dans l'estomac.

INTESTINS.

Dispositions anatomiques. — A l'ouverture cadavérique il est facile de se convaincre que, dans la majorité des cas, la masse intestinale est seule en rapport avec les parois abdominales; l'intestin grêle y paraît comme encadré par le colon qui le circonscrit partout, excepté en bas; le cœcum est ordinairement recouvert par quelque anse intestinale, l'S iliaque; quelquefois. Toutefois, le colon lombaire droit est en général plus superficiel que le colon descendant; le gros intestin est plus fixe que l'intestin grêle; le cœcum l'est plus que tout le reste; l'S iliaque en est la partie la plus mobile. Le duodénum est fixe et profondément situé, le reste de l'intestin grêle est mobile.

Quant aux dimensions, le gros intestin l'emporte presque constamment sur l'intestin grêle; leur rapport est en général comme 2, 3 et plus sont à 1. On sait que ces dimensions peuvent être énormes quelquefois. Toutes choses égales d'ailleurs, l'intestin grêle renferme moins de gaz que le gros intestin.

De ces dispositions générales il résulte que les données de la percussion ne peuvent être ni uniformes, ni constantes, la résonnance de chacune des portions du tube digestif étant en rapport avec l'état actuel où le trouve la percussion.

Procédé opératoire. — Les préceptes généraux de cette recherche se déduisent de tout ce qui est dit à l'occasion des autres organes; il convient d'insister particulièrement sur la démarcation de l'estomac et du colon.

Application de la percussion aux divers états organo-pathologiques du tube digestif. — Appliquée à l'étude du tube digestif, la percussion est féconde en résultats nombreux et pratiques. Posons en principe que les distinctions et les généralités précédentes ne sont certainement pas toujours applicables, et que souvent il sera difficile, sinon impossible, de pouvoir apprécier une ligne de démarcation entre l'intestin grêle et le gros intestin, et à plus forte raison encore entre les diverses parties dont ce dernier se compose.

Passons maintenant en revue les résulats que peut nous fournir la percussion.

1° Le tube digestif donne par la plessimétrie un son tympanique s'il est distendu par des gaz.

2° Un son mat se fait entendre, si des substances solides ou liquides y sont renfermées.

3° S'il y a à la fois des liquides et des gaz, la percussion produit le bruit humorique ou hydro-pneumatique.

4° Enfin, sensation d'élasticité au doigt qui percute, si l'organe renferme des fluides élastiques; s'il s'agit au contraire de matières solides, résistance plus ou moins prononcée.

Il résulte de ces faits une série d'applications diagnostiques fort importantes.

1° Une sonoréité tympanique dans toute l'étendue de l'abdomen dénote que des gaz y sont renfermés en grande quantité.

2° Une sonoréité anormale de l'intestin grêle, tandis que les gros intestins donnent un son mat, dénote la présence de gaz dans les premiers, et la présence de matières stercorales dans les seconds, qui souvent gênent la sortie de ces gaz.

3° Une matité prononcée dans le colon et dans l'S iliaque sont d'excellents indices de la constipation; si le doigt éprouve de la résistance et *vice versa*, les matières sont dures ou non.

4° L'étendue et le degré de cette matité font approximativement juger la quantité de matières contenues dans l'intestin.

5° Si un rétrécissement dans le gros intestin est situé assez haut pour ne pouvoir être exploré avec le doigt ou le catheter, il est possible, à l'aide d'injections abondantes dans le rectum et qui s'élèvent jusqu'au rétrécissement, sans pouvoir le dépasser, de déterminer la hauteur de la lésion; car au-dessous se trouvera la matité des liquides injectés et au-dessus la sonoréité des intestins remplis de gaz (Piorry).

6° *Hernies.* — La tumeur herniaire peut être formée par l'intestin, par l'épiploon, ou bien simultanément par l'un et l'autre de ces organes.

A. Si la hernie est formée *par l'intestin (entérocèle)*, les résultats de la percussion seront nécessairement variables: on y trouvera tantôt de l'obscurité de son, tantôt de la matité, tantôt un son tympanique, suivant qu'il y aura des gaz ou des matières liquides ou solides dans l'intestin hernié.

B. Si la hernie est formée par *l'épiploon (épiplocèle)*, on n'obtiendra jamais qu'un son plus ou moins obscur et persistant.

C. Si la hernie est formée par *l'un et l'autre de ces organes (entéro-épiplocèle)*, une partie de la tumeur est ordinairement sonore, tandis que l'autre est obscure. Mais le diagnostic ici, il faut l'avouer, est bien plus difficile à établir.

Si, par des injections dans le rectum, ces bruits sont modifiés, dit M. Piorry, il est évident qu'il s'agit du gros intestin. Il n'est pas de chirurgien, ajoute ce professeur, qui ne comprenne l'importance pratique de ce fait. (Piorry, *Diag.*, t. 2, 1678.)

Affections nerveuses du tube digestif. — Nous terminerons ici en disant que la plessimétrie ne peut apporter de grandes lumières dans ces sortes d'affections, du reste si peu connues encore.

UTÉRUS.

Situé dans l'excavation pelvienne, l'utérus se trouve placé entre le rectum et la vessie. Son axe se confond avec celui du détroit supérieur du bassin, oblique par conséquent de haut en bas et d'avant en arrière; sa face antérieure répond à la vessie, dont elle est le plus souvent séparée par quelques anses intestinales; son bord supérieur est recouvert par les circonvolutions de l'intestin grêle.

La situation de cet organe fait assez pressentir combien il s'éloigne des parois abdominales, ce qui le rend inaccessible à la palpation; ce qui fait aussi que la plessimétrie ne saurait le limiter à l'état normal; d'où nous croyons pouvoir dire que l'absence de toute matité est un signe certain de l'état normal ou à peu près normal de l'organe.

Procédé opératoire. — Il n'offre rien de particulier : c'est l'application des règles générales de la percussion indiquées déjà à l'occasion des autres viscères. Seulement, ici encore, redisons que surtout il importe de placer le sujet dans les conditions du relâchement des muscles abdominaux; de plus, avant de procéder à l'exploration de l'utérus par la percussion, il faut avoir soin de faire uriner la femme, de vider le rectum par un lavement ou, au besoin, par des purgatifs, etc.

1° *Application de la percussion au diagnostic de la grossesse.*—C'est à partir de la fin du deuxième mois, suivant M. Piorry, que la percussion peut commencer à être utile pour le diagnostic de la grossesse. Aussi recommande-t-il de porter le plessimètre le plus près possible du plancher du bassin, toutefois prudemment et par une dépression lente. « *Il est possible alors*, à moins de tumeurs dans le bassin, d'apprécier assez bien le son obscur de la matrice. » Vers quatre-vingts jours, on trouve l'utérus presque au niveau du détroit supérieur. Au quatrième mois, la matité se rapproche davantage de l'ombilic. Avec les progrès de la grossesse, la percussion devient de plus en plus facile; on conçoit, d'après la forme sphéroïde de la matrice distendue, que le point le plus mat soit précisément celui qui est en rapport directement avec les parois de l'abdomen, la circonférence devant nécessairement être recouverte par des anses intestinales; aussi, vers ce point, la dépression des parois de l'abdomen est-elle inutile. On peut donc, par la plessimétrie, connaître exactement le volume, la forme et la position du globe utérin. On peut assez exactement encore apprécier l'époque probable de la grossesse, et par là éviter, dans quelques cas, de prendre ce qu'on appelle des *douleurs fausses* pour des *douleurs vraies*. En effet, tous les accoucheurs signalent le danger de porter un diagnostic erroné sur ce qu'ils désignent sous le nom de *faux travail*. Évidemment, puisque l'appréciation du volume de l'utérus est le signe auquel ils accordent le plus de confiance, la plessimétrie est en droit ici de revendiquer sa place.

La résistance et la matité du globe utérin ne sont pas les mêmes sur tous les points; partout où le liquide amniotique se trouve seul en rapport avec les parois abdominales, les doigts éprouvent la sensation de fluctuation obscure et partielle qui rappelle assez bien celle de quelques cas d'ascite. De plus, la matité varie suivant la position qu'affecte le fœtus : elle est plus considérable là où correspond le siége; elle l'est plus encore si c'est la tête qui se présente. M. Piorry cite à ce sujet un fait curieux qui lui est propre. (*Diag.*, § 3342.) Le même auteur admet encore la possibilité de reconnaître le cas où les intestins du fœtus, distendus par des gaz, seraient en contact avec les parois abdominales. (Loc. cit.) Les déplacements de ces divers sons, suivant naturellement ceux du fœtus, acquièrent à la percussion un degré assez élevé de certitude. Il est évident que ces différences sont d'autant plus appréciables qu'on est plus rapproché du terme de la grossesse, et que les parois utérines, quoique distendues, sont encore susceptibles d'une certaine dépression. Car, ici, il importe de faire observer qu'*un muscle contracté donne un son plus sec que s'il n'est pas en action*. M. Magendie avait déjà remarqué que *pendant la contraction musculaire les fibres sont susceptibles de vibration sonore*. M. Hureau rapporte une observation qui confirme cette opinion. Selon lui, dans un cas de perte utérine après l'accouchement, la matité de l'utérus prenait une sécheresse marquée pendant l'hémorrhagie, et perdait quelques degrés d'intensité dans l'intervalle ; il rapporte cette différence aux états correspondants de contraction et de relâchements musculaires de l'utérus. (*Diagn.*, 2344.) Il faut avouer que toutes ces nuances sont bien délicates, et qu'elles exigent une grande finesse de tact et une grande habileté pratique de la percussion.

2° *Tumeurs développées dans l'utérus : corps fibreux, carcinômes, polypes.* — Les caractères tirés de la percusion seule sont insuffisants à faire établir le diagnostic différentiel de ces diverses affections. Une variation de volume, une dureté de son, voilà du plus au moins tout ce qu'on en peut recueillir comme renseignements absolus. C'est aux autres moyens d'investigation et aux symptômes propres à venir confirmer ces données plessimétriques. Il faut en dire autant comme diagnostic différentiel entre ces tumeurs diverses et la grossesse. Car, dit M. Piorry, « toute cause autre que la grossesse, qui déterminera l'accroissement de volume de l'utérus sans y produire l'accumulation de gaz, donnerait à la percussion des caractères à peu près semblables. » (*Diag.*, 2343.) Examinons toutefois celles de ces affections qui peuvent présenter des caractères propres.

3° *Hydropisie de l'utérus (hydrométrie)*. — Ces cas, pour être assez rares, ont cependant donné lieu à plus d'une méprise. P. Frank en cite plusieurs observations. Voici un fait curieux consigné dans la *Toxicologie* de M. Orfila (t. 1, p. 281) : « Une princesse allemande d'un âge avancé, et qui n'était plus réglée, fut déclarée enceinte par son médecin et par un accoucheur; elle rendit par la vulve une énorme quantité d'eau, et la matrice ne tarda pas à s'affaisser. Un peu après, les symptômes se renouvelèrent ; on s'attendait à un flux de même nature que la première fois; elle accoucha d'un enfant viable, au préjudice de la réputation des accoucheurs les plus expérimentés. » On sent assez que les caractères tirés de la plessimétrie seront ceux d'une distension utérine présentant une matité uniforme et fluctuante comme dans toute percussion de ce liquide. Mais, évidemment, il n'y a ici aucune certitude absolue.

4° *Tympanite utérine*. — Si cette affection existe réellement, on ne pourrait certainement pas la confondre avec les autres tumeurs utérines. Seulement, il faudrait avec soin en distinguer la résonnance de celle que produirait le voisinage des intestins.

5° *Collection de gaz et de liquides dans la cavité utérine*. — Ici la difficulté est double. « S'il y avait eu même temps de l'air et des liquides dans la matrice, on pourrait reconnaître le déplacement du fluide qui correspondrait aux variations de position du sujet. Dans ce cas, le niveau sera encore plus manifeste et plus facile à obtenir que dans les épanchements péritonéaux de liquides et de gaz. Ce déplacement, ce niveau, n'auraient jamais lieu ici que dans une étendue et dans une région correspondantes à celles de l'organe utérin. » (Piorry, *Diagn.*, t. 2, p. 488.)

6° *Hémorrhagie utérine interne.* — « Dans les cas d'hémorrhagie interne, et lorsque la palpation ne peut distinguer une matrice trop molle, la percussion médiate pourra faire reconnaître la maladie et son degré. Le son mat s'étendra à une grande partie de la surface de l'abdomen et correspondra à la matrice dilatée; la mesure de l'espace où la matité sera obtenue donnera des lumières sur la quantité de sang accumulé dans l'organe. » (*Perc. méd.*, p. 257.) Citer l'hémorrhagie utérine interne, c'est rappeler un des accidents les plus redoutables de ceux qui suivent ou accompagnent l'accouchement. Le praticien doit donc ne pas négliger l'étude d'un moyen qui peut lui venir en aide dans un cas de diagnostic aussi important et quelquefois aussi difficile.

7° *Opération césarienne.* — « Il arrive quelquefois qu'une portion de la masse intestinale se glisse entre l'utérus et la paroi du ventre. » (Cazeaux, *Accouch.*, p. 76.) Ce fait, acquis à la science, reçut une solennelle confirmation le jour où fut pratiquée, par M. Dubois, en 1835, une opération césarienne, à la clinique des accouchements. Ce professeur, dans sa leçon suivante, en déduisit la nécessité d'apporter une extrême prudence dans les incisions. On peut ajouter que la plessimétrie saurait encore, dans un cas donné, établir préalablement la raison de cette prudente manœuvre.

8° *Grossesse extra-utérine.* — La percussion peut en éclairer la présence, mais sans apporter de lumière sur son siége précis.

OVAIRES.

Les ovaires sont situés de chaque côté de l'utérus dans l'épaisseur de l'aileron postérieur du ligament large, en arrière de la trompe de

Fallope. De cette situation profonde et de leur peu de volume il suit qu'à l'état normal, les ovaires sont inaccessibles à la percussion, et que la plessimétrie ne fournit aucun indice propre à ces organes.

Application de la percussion aux divers états organo-pathologiques des ovaires. — Tant que ces organes n'ont pas acquis un volume suffisant, la plessimétrie serait encore impuissante à constater une semblable affection. Il serait sans doute bien important de pouvoir déterminer le point précis où le développement des ovaires peut devenir appréciable; mais on sent toute la difficulté d'une pareille précision; est-elle même possible ? Quoi qu'il en soit, dès que ces tumeurs viennent à acquérir une dimension suffisante, la percussion commence à percevoir de l'obscurité dans le son, et même un certain degré de résistance au doigt, latéralement et profondément dans le petit bassin ou vers le détroit supérieur; mais un tel signe serait encore bien insuffisant. Lors même que l'on aurait préalablement constaté l'état de vacuité de la vessie ou du rectum, rien ne prouverait que l'on fût plutôt en présence d'une affection de l'ovaire que de quelque lésion de la matrice ou des autres organes pelviens. Le toucher ici aiderait puissamment la percussion. Enfin, s'il s'agit de tumeurs bien caractérisées (*kystes, squirrhes, matière encéphaloïde crue ou ramollie, productions cartilagineuses ou ossiformes*, etc.), on trouve qu'elles offrent, sur des points divers, des degrés de matité, de dureté en rapport avec l'existence de ces productions anormales. (Piorry, *Diag.*, t. 2, p. 488.) En somme, diagnostic différentiel extrêmement obscur.

Hydropisie enkystée de l'ovaire. — Il n'en est pas de même ici. La psimétrie fait parfaitement distinguer cette affection des précédentes et de l'ascite; en effet, si l'on vient à percuter chez un sujet atteint d'hydropéritonite la partie la plus élevée de l'abdomen, on obtient, la plupart du temps, un son semblable à celui de la tympanite, circonstance due à ce que les intestins, distendus par du gaz, viennent, obéissant à leur pesanteur spécifique, flotter au-dessus du liquide. Ajoutons aussi que, dans cette affection, c'est avec la plus grande difficulté que l'on peut faire déplacer la sérosité qui tend toujours à gagner les parties les plus déclives, et que c'est là que la matité, due à l'épanchement, est la plus considérable. La tumeur enkystée de l'ovaire se déplace aussi en totalité en se portant à droite, à gauche, en haut, en bas, suivant la position que prend le sujet, mais c'est alors à la partie la plus saillante de l'abdomen, que la fluctuation est très-évidente, et c'est tout autour de la tumeur que l'on perçoit le son intestinal, ce que l'on peut s'expliquer parfaitement, si l'on réfléchit que la tumeur, en se distendant outre mesure, refoule sous elle, et sur les côtés, toute la masse des intestins; ajoutons aussi que la matité qu'elle fournit est plus considérable que celle de l'ascite, et qu'elle est la même sur tous les points. Toutefois, s'il arrivait que le kyste fût recouvert par la masse intestinale, on pourrait encore le limiter parfaitement en ayant soin de déprimer les parois abdominales. Il faut aussi ne pas oublier que si la tumeur enkystée de l'ovaire existe à droite, c'est du côté gauche que se trouveront presque entièrement les intestins, et *vice versa*.

Nous devons au mémoire de M. Rostan, publié en 1818 dans le nouveau *Journal de médecine*, le moyen de distinguer l'ascite de l'hydropisie enkystée; travail dans lequel nous avons puisé en partie ces courtes notions.

PÉRITOINE.

Disposition anatomique. — Le péritoine tapisse tous les organes abdominaux suivant leur forme propre et les exigences de leur situation; il est également appliqué sur toute la surface intérieure des parois abdominales. Entre ces deux feuillets contigus et continus partout (excepté au pavillon de la trompe de Fallope) existe un espace variable, espace qui est virtuel, pour ainsi dire, dans l'état d'équilibre parfait entre l'exhalation et l'absorption séreuse, et qui peut acquérir des dimensions énormes par la rétention et l'accumulation de liquides ou de gaz. Apprécier l'état de cette membrane séreuse, dans un cas donné, en démêler les symptômes pathologiques de ceux qui sont propres à chacun des viscères abdominaux, tel est le champ d'opération de la percussion.

Procédé opératoire.—A première vue donc, on conçoit que le procédé opératoire est nul ici en particulier, puisque nous avons implicitement admis l'hypothèse de l'état normal du péritoine, dans l'exploration des viscères de l'abdomen. Mais si la percussion du péritoine n'offre que des caractères négatifs à l'état sain, il est d'un intérêt extrême d'en étudier toutes les nuances, dès qu'il s'agit d'un état pathologique.

La percussion *directe* était recommandée dès le temps de Galien ; elle ne s'appliquait qu'à la tympanite. (Voy. le *Traité de percussion*, partie historique.)

Au 18e siècle, Duverney le jeune fait connaître un signe important dans le diagnostic différentiel de l'acide et de la péritonite : ce signe, c'est la fluctuation produite par le choc de la main sur l'abdomen, l'autre main s'étant appliquée à plat pour en percevoir la sensation. (*Histoire de l'Académie royale de chirurgie*, 1703.) Van Swieten loue le procédé, mais il répète, après Sydenham, combien il est facile de s'y tromper. En 1830, M. Tarral le modifia à son tour en proposant de frapper l'abdomen avec l'indicateur de la main droite, obliquement et comme en rasant sa surface; l'indicateur de la main gauche appliquée sur la région à explorer perçoit immédiatement la sensation. (*Journ. hebd. de méd.*, n° 82, 1830.) Tout le monde a pu apprécier la valeur de cette indication ; mais M. Bouillaud (Ascite, *Dict. de méd. et de chir. prat.*) recommande l'emploi du plessimètre comme préférable aux doigts seuls.

Ces données une fois établies, venons à l'application.

Les deux principales affections morbides du péritoine sont : l'*ascite* et la *tympanite*, c'est-à-dire présence de liquides ou d'air dans la cavité péritonéale. Or, les propriétés physiques seront ici singulièrement applicables, et les lois de la pesanteur constituent la vraie source du diagnostic. En effet, les liquides tendent à se porter aux parties déclives, les gaz au contraire à s'élever ; donc, les liquides devront toujours se trouver dans les points de l'abdomen relativement inférieurs. Ce sera le contraire pour les gaz ; donc, refoulement des organes abdominaux, en sens inverse dans l'ascite et la tympanite péritonéale ; donc, sensation de matité aux points correspondants à l'ascite et sensation de sonorité aux endroits supérieurs ; donc, enfin, une ligne de niveau en général, et autant que possible, sera la limite supérieure d'une collection liquide, tandis que les gaz tendront à s'introduire partout où il y aura place pour se loger, et cela en raison de la résistance qu'ils rencontreront. Dès lors, variations de toute espèce dans les positions du malade, percussion méthodique, tantôt forte, tantôt faible et à diverses reprises, dépression des parois du ventre, examen parallèle de l'état physiologique et pathologique des viscères abdominaux, des intestins surtout, renseignements puisés à toute source, empruntés par toutes sortes de moyens ; voilà les auxiliaires qu'il faut s'adjoindre. Ainsi, par exemple, que le malade soit debout, qu'il soit couché sur le côté, sur le dos, sur les mains, etc., on conçoit ce qui doit se passer ; nous n'insistons pas.

Nous devons encore mentionner un signe important, c'est le *bruit humorique*. « Lorsque la matière de l'épanchement est répandue entre les masses intestinales et qu'elle n'est pas en grande quantité, il arrive que le bruit hydraérique se rencontre au moyen d'une pression assez forte faite avec un plessimètre sur les viscères, et de la percussion qu'on y pratique ; c'est ordinairement vers les flancs qu'on le rencontre. » (Piorry, *Proc. opér.*, page 144.)

Applications pratiques. — 1° *Épanchements péritonéaux.* — Les détails précédents font suffisamment connaître quelle part la plessimétrie peut revendiquer dans le diagnostic de ces affections. Une fois l'existence de l'ascite mise en évidence, la percussion peut encore établir si une augmentation consécutive du ventre est due à une collection plus considérable de liquide ou à des gaz accumulés, soit dans le péritoine, soit dans les intestins. Lorsque les parois abdominales sont œdémateuses, il faut bien se garder de confondre la matité qu'elles donnent avec celle de l'épanchement, et pour cela on doit les déprimer avec précaution dans les épanchements volumineux; les intestins peuvent très bien ne pas venir flotter à la surface, s'ils sont eux-mêmes distendus par des matières dont la consistance est voisine de celle de l'eau; si le mésentère est trop court, ils sont retenus par des adhérences anormales, etc. Voilà autant de conditions de difficultés pour le diagnostic.

2° *Hydropisies enkystées.* — « Le foie, la rate, l'épiploon, le mésentère, l'estomac, les intestins eux-mêmes, peuvent devenir le siége d'une tumeur cystique, remplie d'une matière dont la quantité et les qualités varient singulièrement, et dans laquelle nagent presque toujours des hydatides en plus ou moins grand nombre; mais l'hydropisie enkystée ne se forme nulle part aussi souvent que dans les ovaires. » (Boyer, t. 7, page 437.)

Le diagnostic de ces sortes d'hydropisies offre beaucoup d'intérêt par sa difficulté même; nous avons vu à l'article des maladies de l'ovaire (page 38), quel service on peut attendre de la plessimétrie dans ces cas.

3° *Péritonite.* — « Il faut avouer que la péritonite, même avec le secours de la percussion n'est pas toujours facile à reconnaître. » (Piorry, *Diagnostic*, § 2573.) En effet, les épanchements qui ont une marche lente; les gaz abdominaux qui se produisent si vite, en si grande quantité, d'où la sonorité de l'abdomen; la douleur si vive à laquelle donne lieu la percussion; la facilité avec laquelle peuvent se rompre certaines adhérences salutaires, par des déplacements successifs, et de là l'irritation consécutive dans d'autres points du péritoine; tout fait un devoir de n'agir ici qu'avec une extrême circonspection.

4° *Tympanite péritonéale.* — « Le dégagement des gaz dans le péritoine, n'a guère lieu qu'à la suite d'une perforation des intestins. » (*Diagnostic*, 2575.) Quoi qu'il en soit, que les gaz soient contenus dans le péritoine, ou qu'ils soient renfermés dans l'intestin, ce qui est extrêmement commun, il s'agit d'en faire le diagnostic différentiel. Une sonorité extrême et une très-grande élasticité, qui ont presque partout un timbre égal ou un caractère identique, voilà ce qui distingue la tympanite péritonéale; mais un autre signe plus précieux encore qui découle des considérations générales placées au commencement de cet article, c'est le suivant : l'air contenu dans la cavité du péritoine tend, comme celui qui est contenu dans l'intestin, à refouler les viscères abdominaux; mais si ce refoulement se fait par l'intestin, il a lieu par en haut et vers le diaphragme; s'il se fait par le péritoine, il a lieu dans tous les sens à la fois, de sorte que le foie tend à s'éloigner des parois abdominales par l'interposition des gaz péritonéaux, ce qui n'a jamais lieu par les gaz intestinaux : la percussion est appelée à juger la question. (Voyez d'ailleurs M. Mailliot, p. 334.)

5° *Application de la percussion à l'opération de la paracentèse.* — « Dans l'ascite ordinaire, il est à peu près impossible d'intéresser les intestins, parce qu'ils se trouvent refoulés par la sérosité vers la colonne vertébrale ou le diaphragme. Quand même ils resteraient libres et flottants, le mésentère n'est pas assez long pour que le trois-quarts puisse les atteindre; mais si des adhérences en fixaient une anse aux parois de l'abdomen, nul doute que l'instrument ne pût les ouvrir et donner issue aux matières fécales, comme on en rapporte des exemples. » (Velpeau, *Médecine opératoire*, t. 2, page 7.)

Toutefois il n'en sera pas moins utile de demander au plessimètre à quelle distance l'intestin se trouve des parois de l'abdomen, et d'assurer par là l'introduction du trois-quarts; bien entendu que le plessimètre ne dispenserait jamais de la précaution de s'éloigner des vaisseaux que l'on pourrait intéresser.

6° *Abcès de l'abdomen.* — On trouve dans la thèse de M. Chrestien déjà citée, des considérations assez importantes sur le secours que la chirurgie peut tirer de la percussion combinée avec les autres moyens diagnostiques dans ces sortes d'affections; il cite plusieurs cas à l'appui.

7° *Tumeurs de l'abdomen.* — M. Piorry cite un cas où la percussion lui fit diagnostiquer pendant la vie une affection carcinomateuse du mésentère. (*Percussion médiat.*, page 158.) Mais « il faut avouer que le diagnostic de ces sortes de tumeurs est toujours fort obscur. »(*Diagnostic*, 3615.) Le plus ordinairement on les prend pour des tumeurs des organes voisins, leurs signes physiques étant presque semblables à ceux que donnent les mêmes affections des ovaires, de l'utérus, des reins, etc.

N'oublions pas, avant de terminer, de faire observer que si le procédé opératoire, toujours si minutieusement décrit par M. Piorry, a été ici seulement indiqué en général, c'est que nous n'avons pas perdu de vue qu'il s'agissait non d'un traité de la percussion, mais des applications à faire de cette percussion; nous en avons rappelé les traits principaux qui nous paraissaient le plus en rapport avec notre sujet.

Il est bien évident que nous aurions pu également, sans nous éloigner beaucoup de notre question, entrer plus profondément dans le diagnostic différentiel spécial de toutes les affections de l'abdomen, pouvant réclamer de la plessimétrie quelques moyens auxiliaires. Nous avons cru devoir nous contenter de parler des affections où la percussion entrait comme élément sinon indispensable, au moins éminemment utile. Aller plus loin, c'eût été, on le sent assez, faire l'histoire de tous les états pathologiques de l'abdomen; c'était plus qu'il n'était demandé.

Nous croyons avoir suffisamment justifié l'importance de la plessimétrie; mais pour ne paraître pas exclusif, disons hautement et n'oublions jamais que la plessimétrie sait tirer autant de secours des circonstances commémoratives et des symptômes concomitants qu'elle peut leur en prêter, et que, pour être complet, le diagnostic doit se servir de tout ce qui peut lui fournir quelques lumières.

QUESTIONS
SUR
LES DIVERSES BRANCHES DES SCIENCES MÉDICALES.

Physique. — De l'imbibition dans les corps solides, de ses phénomènes, de ses lois; application à l'économie animale.

Chimie. — Du vert-de-gris.

Pharmacie. — Des matières pyrogénées employées en médecine; traiter des préparations pharmaceutiques dont elles sont la base.

Histoire naturelle. — Caractères de la famille des tiliacées.

Anatomie. — Du mode de distribution des artères dans le rein.

Physique. — Des conditions de la contraction musculaire.

Pathologie externe. — De la rétention des matières fécales dans le gros intestin.

Pathologie interne. — De l'état du sang dans les diverses asphyxies.

Pathologie générale. — Des causes diverses de la dyspepsie.

Anatomie pathologique. — Du ramollissement gélatiniforme de l'estomac et des intestins.

Accouchements. — Des suites naturelles des couches et des soins que réclame la femme récemment accouchée.

Thérapeutique. — De la composition de l'huile de morue et de l'huile de poisson ; de leur action sur l'économie.

Médecine opératoire. — De l'ablation des tumeurs cancéreuses.

Médecine légale. — Des cas judiciaires divers dans lesquels est faite à un médecin expert la question de l'appréciation de l'état mental d'un individu, et de la direction spéciale dans laquelle doit être faite l'expertise en chacun d'eux.

Hygiène. — De l'influence d'un air chaud et humide sur la santé.

www.ingramcontent.com/pod-product-compliance
Lightning Source LLC
Chambersburg PA
CBHW070658050426
42451CB00008B/409